AF450345

# LA COURONNE DE ROSES,

## OU
## LA FÊTE DE SALENCY,

COMÉDIE EN DEUX ACTES,

MÊLÉE D'ARIETTES,

SUIVIE D'UN VAUDEVILLE

*Et précédée d'une Lettre à une Chanoi-*
*nesse, dans laquelle on fait l'examen*
*de la Rosiere de Mr. FAVART,*

Par M. D. I. D. E. M. D. A. D. P. E. L. R.

*Et Verbis & Exemplis.*

Prix, 24 sols.

A PARIS,

Chez MERIGOT jeune, Libraire, Quai
des Augustins.

M. D. CC. LXX.

*Avec Approbation & Privilege du Roi.*

# *LETTRE*

## A MADAME DE S.te D**.

### *CHANOINESSE DE R**.*

NE cherche point à te justifier vis-à-vis de moi, ma tendre *Sophie*, ta curiosité est très-bien placée; il est dans l'ordre que la plus vertueuse des Vestales veuille savoir quel traitement on a pu faire à la vertu sur le plus frivole de nos Théatres. Tu sais avec quelle avidité & quelle promptitude je saisis le sujet de la Fête de *Salency*, pour en faire un divertissement qui prouvât que le triomphe de la vertu peut encore être un Spectacle agréable & doux : ton aimable candeur & ton honnêteté me servirent de modele pour peindre ma *Rosiere* ; les couleurs douces que tu me fournîs me parurent les plus propres à faire leur effet. J'écartai le brillant comme étranger à mon objet ; mon tissu fut simple, ma marche unie & les ornemens de mon Héroïne furent pris dans les champs qu'elle étoit supposée habiter. J'avois de l'aveu de bien des connoisseurs atteint un but auquel on n'avoit point encore visé dans ce genre leger ; il ne manquoit plus pour que cet opuscule lyrique fût conforme au gout du temps que d'y approprier de la Musique. Le *Marquis de C**.* plus présomptueux qu'habile, voulut absolument s'en charger : comme autre chose est de faire l'Air d'une Ariette & d'un Couplet de Chanson, ou de saisir la vérité des différens caracteres

A

qui entrent dans une piece dialoguée, la force & le courage lui manquerent. Il tira les choses en longueur sans vouloir avouer son insuffisance. Je la pénétrai; je retirai mon Ouvrage : il étoit trop tard. L'infidele dépositaire l'avoit communiqué, comme j'en ai les preuves, à deux personnes de sa connoissance grands faiseurs en ce genre; mon sujet avoit été pris, j'avois déjà reçu l'exclusion; & j'étois reputé, dont bien glorieux devois-je être, m'être rencontré avec un grand Auteur à cent soixante lieues de distance. Je n'avois pas à me plaindre, les sujets sont communs comme l'air que l'on respire. Ma *Rosiere* rentra donc dans mon Porte-feuille. Tu daignas, *Sophie*, en être plus fâchée que moi.

Il y avoit déjà plus de deux ans que j'attendois de jour en jour qu'on mît ce sujet au Théatre Italien. L'Idée que j'avois de la vigilance & de la fécondité du Poëte & du Musicien qui avoient dû le traiter, me fit croire, après ce long retardement, qu'ils n'avoient eu qu'une velleité. Notre petit conseil littéraire, dont tu étois non seulement un des plus jolis, mais encore un des plus judicieux membres, fut d'avis que ma *Rosiere* ressortît de son étui, & fût mise en Musique. Un *Français* & un *Italien* qui jouissent de quelque réputation, réunirent leur goût & leur talent pour faire valoir le petit Poëme. Il étoit né pour être de toute façon une saillie d'imagination plutôt qu'un ouvrage réfléchi; la nombreuse quantité de morceaux de Musique qu'il contient sortit de leur Verve, comme un Palais sort de la Baguette d'une Fée. Nous ne nous occupâmes durant trois mois qu'à le répéter. Que le Rôle de *Rosiere* avoit de graces dans ta bouche ! Tu trouvois dans ton cœur toute la

candeur de fon caractere. Aurois-tu pu ne le
pas bien rendre? Je fefois le perfonnage de *Licas*; tu m'avois toujours tellement forcé à con-
traindre mes feux, que je jouais d'après nature.
L'illufion du dénouement, les tendres aveux que
nous nous y fefions, les proteftations récipro-
ques de ne jamais être infideles, contractoient
cet air de vérité qui ne fe trouve que dans la vérité même. Ce ftratagême fufpendit durant quelque temps la rigueur du fort qui fépare irrévo-
cablement nos deftinées. O ma chere *Sophie* !
c'eft de nous que les Comédiens euffent dû apprendre à faire ces deux Rôles, s'ils euffent donné ma Piece : leur art, tout parfait qu'il eft, eût
encore reçu de bonnes leçons de la Nature. Les
applaudiffemens que l'amour & l'amitié donne-
rent alors à nos fuccès, furent plus précieux à
mon cœur que ne l'euffent jamais été ceux de
toute la Capitale. Mais comme un defir fatisfait
en fait toujours naître un autre, arrivé que je
fus à *Paris*, je demandai aux *Italiens* qu'ils prif-
fent lecture de mon Ouvrage. Ils ont des jours
pour ces fortes d'audiences. Ils vous donnent
l'heure. Ils l'ont devancée pour l'ordinaire, & font
tous affemblés dans leur Chambre de Confeil
quand l'*Auteur* fe rend. On le reçoit avec les dé-
monftrations d'une eftime qu'on fuppofe lui devoir déjà. On le place devant une table, un *Secretaire* qui eft à côté de lui, infcrit fur un grand
Livre, plein de pieces refufées, le titre de la fien-
ne. Il lit, & chacun eft cenfé écouter. Ton fexe
charmant joüit ici de toutes fes prérogatives,
ma chère *Sophie*, les femmes font admifes à ce
petit confiftoire; elles y ont voix active comme
les hommes, & ne cherchent pas, comme eux
dans les autres Tribunaux, à donner une idée

effrayante de la févérité des loix. Les *Douairie-*
*res* pendant la lecture travaillent au Cannevas
de *Minerve*, les *Hébés* à la Ceinture de *Vénus*,
les hommes brochent fur le tout. Quand la lecture eft finie, on prie l'*Auteur* de paffer dans une
chambre éloignée, pour laiffer à fes Juges la liberté de recueillir les voix. Ou fa Piece eft re-
jettée, ou elle eft acceptée fous correction, ou
elle eft reçue fans condition onéreufe. Dans le
premier cas le *Secretaire* vient lui annoncer
que fon Ouvrage eft refufé, dans les deux derniers on l'invite à reparoître, & l'*Orateur* du
jour lui fait part du réfultat des délibérations de
l'affemblée. On 'dérogea à ces règles en ma faveur: on n'avoit point reçu ma Piece parce
qu'on devoit la préférence à M. *Favart*; mais parce qu'on l'avoit trouvée jolie, on eut la politeffe
de m'en faire compliment, de me témoigner le
regret que l'on avoit de ne pouvoir me traiter
mieux, de me prier même de travailler quelqu'autre fujet. Je fentis tout le prix de ces égards;
& après quelques objections qu'on réfuta, je bat-
tis en retraite. Je ne puis m'empêcher de dire
qu'on ne s'imagine pas, à moins de l'avoir vu,
jufqu'à quel point le bon ton regne ici parmi les
gens attachés au Théatre. On les voit dans les
Sociétés diftinguées où ils font admis, foutenir
auffi bien que perfonne le caractére de décence
& d'honnéteté qui y règne. Le paralléle entre
hommes ou femmes n'eft jamais à leur défavan-
tage. Qu'ils perféverent encore quelque temps,
& ils annobliront un état qui autrefois fembloit
avilir la populace même. Si dans le for int_** interne
on peut les acculer de moins de retenue, ils ont
cela de commun avec un fi grand nombre de
perfonnes, que ce n'eft pas à eux que l'on doit à
cette occafion jetter la premiere pierre.

Mais pour revenir à nos moutons, comme il eſt rare que tu n'entres toujours pour quelque choſe dans mes idées, je fis cette réflexion en me retirant chez moi ; il eſt plus d'une jolie fleur, témoin la charmante *Sophie*, deſtinée à n'être jamais cueillie ; ma *Roſiere* ne ſera point jouée, hé bien, cela me ſauvera ſans doute bien des mortifications de la part de la critique & de la cabale. Ne vaut-il pas mieux, comme ma *Sophie*, n'être éclairé que de la douce lumiere du crépuſcule, que d'être conſumé comme *Semelé*, aux rayons de la gloire du maître des Dieux ?

Enfin la *Roſiere de M. Favart* a paru après trois ans. C'eſt avoir beaucoup fait attendre, pour un homme qui, m'a-t-on dit, fait ces ſortes de piéces dans des ſoupers de ſociété de *beaux eſprits* ; mais comme il lui a falu le concours d'une autre perſonne au moins pour mettre celle-ci ſur pied, & qu'il y avoit peut-être ſur le tapis quelque partie d'*échecs* que les grands joueurs font durer des années entieres, trois ans d'attente ne doivent plus paroître un temps ſi prodigieuſement long.

J'avois toujours bien dit que le goût étoit une choſe arbitraire, & qu'il n'y avoit que ma *Sophie* qui eût droit de plaire à tout le monde ſans exception. Le croirois tu ? ce *Déſerteur*, qui avoit enthouſiaſmé tout *Paris*, n'a pu obtenir grace à la Cour, où néanmoins la clémence regne. La *Roſiere* elle-même, qui avoit été ajuſtée tout-exprès pour y paroître, a été obligée de refaire ſa toilette pour ſe montrer à la Ville, où à force de s'être trompé l'on étoit en garde contre la ſéduction. On nous fait ſonner bien haut en Province le bon goût de la Capitale. Je t'aſſure que l'on peut dire à cet égard ce qu'ont du dire de la vertu des filles de *Salency* , ceux qui ont vû jouer la *Rosiere* , *c'est ici tout comme là* , la renommée en fait toute la différence. Je m'étois bien douté que pour égayer la sagesse on lui donneroit un air faux & évaporé. Cependant on eût mieux aimé voir retracer ce caractere neuf de candeur , d'innocence & de simplicité des premiers âges, dont les filles, dit-on, ont hérité de leurs meres jusqu'à nos jours dans ce petit coin privilégié de la *France* , que de voir reparoître sous des formes déjà connues les portraits d'un sexe toujours fidele à sa routine & tendant toujours à ses fins sous les dehors d'une fausse sévérité. On s'attendoit à voir la vertu ne se pas même douter de l'existence du vice. L'on désiroit qu'on nous la peignît comme un attrait naturel,& non comme le fruit de la vigilance & de la sollicitude d'autrui. L'on ne vouloit pas la voir se livrer à elle-même des combats qui en marquent la foiblesse; l'on vouloit enfin que la crainte , la géne & les soupçons ne fussent nullement admis à jouer leur rôle avec elle. C'étoit le cas de réaliser un *Emile* faisant le bien parce qu'il n'a jamais eu connoissance du mal.

On trouve très-peu de tout cela dans la *Rosiere de M. Favart* , & c'est sans doute ce qui a mis des bornes à son succès. Les intrigues & les caracteres qui y sont dévélopés étoient faits pour plaire davantage, si le sujet n'eût pas été connu & pour ainsi dire donné par le public qui s'étoit formé une autre idée de la maniére dont il devoit être traité. Il est dangereux pour un *Auteur* de prendre sa tâche; parce qu'on le juge plutôt sur ce qu'il a dû faire que sur ce qu'il a fait. Je voudrois bien te rendre un compte plus détaillé de ce petit Poëme , mais je voudrois que tu ne

montrâs cette Lettre à qui que ce fût qu'après
qu'on aura épuifé les premieres repréfentations
de la Piece. Je ferois au défefpoir de paffer pour
fatirique & encore plus de l'étre véritablement.
Oui, ma chere *Sophie*, tu le fais, mon cœur a
toujours détefté la fatyre, ma plume ne fe l'eft
jamais permife. La lecture que je viens de faire
de quelques lettres en réponfe à un écrit fur *les*
*naiffances tardives* m'en a donné une nouvelle
horreur. L'épitre à *Nicolet* ne m'a infpiré que
du mépris pour la perfonne & les talens de fon
Auteur, que je ne voudrois connoître que pour
le mieux fuir. Je fuis tous les jours plus indigné
du perfifflage d'un certain *Corfaire*, qui comme un
vil infecte s'eft attaché à l'*Aigle de la Littérature*.
De pareils gens devroient être abandonnés à une
troupe d'écoliers pour en être lapidés. Si j'avois
le malheur d'être animé d'un femblable efprit, ce
ne feroit pas à ma *Sophie*, à la plus douce des
créatures, que j'adrefferois cette Lettre. Je l'é-
cris pour ton inftruction & pour la mienne, &
non pour critiquer un Auteur dont l'amabilité
perfonnelle ne le céde point à celle de fes jolis
talens.

Il eft certain que la multiplicité des *Acteurs*
met dans la *Rofiere* une confufion réelle, la
preuve eft, que je défie quiconque ne l'a vu jouer
qu'une fois, de favoir quel en eft le pian, le tif-
fu, la conduite, le nœud & le dénouement. Ce
font nombre de jolis détails, dont le total vous a
néanmoins ennuyé à la fin, parce qu'il y a plus
de mots que de chofes, & que la profe fur-tout
eft affez négligée : & pour particularifer les faits,
on ne peut difconvenir que tout y femble concourir à ne pas donner une grande idée de la
vertu des filles de *Salency*. Dès la premiere

Scene, *Michele* mere d'*Hélene*, jette un doute
fur leur fageffe, en difant,

*Scene premiere, Acte premier.*

On accorde un Prix à nos Filles,
Prix d'honneur qu'il faut mériter;
Prix d'honneur que les moins gentilles,
Trop fouvent ont fçu remporter.

Lorfque dans la cinquieme Scene, *Colin*, s'a-
dreffant à la mere pour fe plaindre des rigueurs
de la fille, lui en donne cette preuve finguliere,

*Scene cinquieme, Acte premier.*

Au fon de ma Mufette,
On l'entend foupirer.

*Michele* prouve à fon tour que ce n'eft pas
fa faute, & qu'elle a fait tout fon poffible pour
dévélopper de bonne heure le germe de l'Amour
dans le cœur d'*Hélene*.

Lorfque vous étiez dans l'enfance,
Sur mes genoux tous deux je vous plaçois.
Je vous berçois,
Je vous baifois,
L'un ici, l'autre là,
Là là là là là là,
Vous fautiez en cadence.
Ces chers enfans ils s'embraffoient,
Leurs petits doigts s'entrelaçoient;
Ils penchoient déjà l'un pour l'autre,
Oui fon cœur s'approchoit du vôtre.

Quel moyen après cela qu'*Hélene* ne foit pas
cruelle & ne foupire pas au fon de la Mufette
de *Colin*? ou pour mieux dire, quel contrefens,
quelle bévue!

Madame *Grignard* au contraire, qui ôte à fa
fille *Therefe* tout le mérite de la fageffe par fa
févérité, eft affez peu fenfée pour rendre le fait
inconteftable, en difant;

*Scene cinquieme, Acte fecond.*

Pour empêcher tout délit,
Notre fenêtre eft grillée ;
Je fuis toujours éveillée,
Ma fille couche en mon lit ;
Je ne veux pas qu'elle forte,
Je l'obferve jour & nuit ;
Un gros chien eft à ma porte,
Aboyant au moindre bruit ;
La ferrure eft fure & forte,
J'en ai la Clef, la voilà ;
En agiffant de la forte,
De fa fille on répondra.

*Thérefe* eft néanmoins admife à concourir au prix ; quelle preuve a-t-on qu'elle en foit digne? n'eût-il pas mieux été de lui donner l'exclufion pour punir fa mere, & lui apprendre à faire aimer & non haïr la fageffe?

Les filles viennent affez bien elles-mêmes à l'apui des meres pour rendre leur vertu fufpecte ; *Hélene* qui eft l'Héroïne de la Piece, & que l'on prétend faire briller aux dépens de fes deux concurrentes, a très-bien fuivi les intentions de fa mere, qui dès fon enfance a dirigé fes inclinations vers *Colin.* Elle ne laiffe échapper aucune occafion de lui prouver qu'elle en eft folle. Elle lui fait les plus tendres reproches & lui jure qu'elle le hait de la maniere la plus propre à lui prouver qu'elle l'adore. Cette tournure-ci eft-elle d'une novice ?

*Scene huitieme, Acte troifieme.*

De mes pieds tu cherches les traces,
Mefurant ton pas fur le mien ;
Je quitte un gazon, tu t'y places,
Tu careffes toujours mon chien ;

Si je dis une Chanſonnette ,
Tu la reprends ſur ta Muſette ;
Colin , Colin , oui je te hais ,
Oui je te hais ,
Ah ! ne nous revoyons jamais !

Elle connoit à merveille toutes les ruſes de l'amour, & il paroit bien, comme elle en fait elle-même l'aveu , que ſa mere » l'a inſtruite de » tout, lui a tout dit & le bien & le mal.

*Scene huitieme , Acte troiſieme.*

J'ai vu ſur l'écorce d'un charme,
Mon nom écrit en lacs d'amour ;
Eſt-ce à tort que je m'en allarme ?
Je le vois encor chaque jour ;
Il s'accroît tant plus je l'efface ,
Car trop profonde en eſt la trace ;
C'eſt toi , Colin : que je te hais !
Oui je te hais !

Elle continue dans un *Duo* à lui montrer toute ſa tendreſſe en voulant le convaincre de ſa haine.

Ayez pitié , prenez pitié de moi ,
Pourquoi ? pourquoi ? par votre ardeur ;
Pourquoi ? Pourquoi ? . .
Otez-vous de ma vue ,
Je me ſens toute émue. . . .
quand je vous vois.

.    .    .    .    .

.    .    .    .

Ceſſez d'agiter mon cœur ,
Ne troublez point ma vie ;

.    .    .    .    .

Vous me faites ſouffrir ,
Que je dois vous haïr !
Vous me ferez mourir ,
Hâtez-vous de me fuir ;
Vous ferez mon malheur ,
Ah ! laiſſez-moi ! quelle douleur !

Si ce font là les expreſſions de la vertu , cette vertu n'a-t-elle pas l'air d'expirer?

Sa haine eſt auſſi forte en proſe qu'en vers.

*Même Scene huitieme , Acte troiſieme.*

*Colin* en arrivant ſur le Théatre , s'élance, je ne ſçai pourquoi, du haut d'un mur ſur un arbre, d'où il ſe laiſſe gliſſer juſqu'en bas. *Helene* qui l'apperçoit s'écrie » que vois-je? il va ſe bleſſer. » Elle veut enſuite avoir une explication avec lui & lui reprocher des torts dont elle ne ſe feroit pas aperçue , ſi l'amour ne lui eût pas troublé l'eſprit. On trouve les expreſſions ſuivantes répandues dans toute cette Scene.

» Ecoutez moi, . . . oui c'eſt pour la derniere fois que je vous parle. Oui juſtifiez vous du tort que vous me faites, ſi vous étes encore honnête garçon. . . . hé bien. J'étois tranquille, je me livrois à la gayeté, je partageois les plaiſirs innocens de mes compagnes. . . . je ne puis ſupporter votre préſence. . . vous me cauſez un trouble. . . mille inquiétudes. . . . on a remarqué vos empreſſemens pour moi. . . on me ſoupçonne. . . ô Ciel! on me ſoupçonne de les approuver. *On a grand tort.* Vous ne pouvez m'en impoſer : vous avez formé le projet le plus offenſant . . . . . vous avez employé un détour injurieux . . . vous m'avez cru capable d'être ſenſible. . . *quelle préſomption !* non, perfide, non vous m'aimez. » *Le pauvre garçon! il n'oſoit pas le dire. Qu'on eſt heureux d'avoir une Maîtreſſe qui vous épargne l'embarras d'une déclaration! Mais de bonne foi ? s'attend-on à trouver cet avantage dans une Roſiere de Salency? On s'imagineroit que celle-ci ſait tout Racine par cœur.*

*Scene dixieme, Acte troisieme.*

Il arrive un moment après que *Colin* a disputé avec *Thomas* amant de *Thérèse*. Nos champions en viendroient fort discrétement aux mains, & cela en pleine rue, pour mieux manifester leurs intrigues amoureuses, si *Hélene*, toujours animée du même esprit, ne venoit à propos pour les séparer, en donnant les marques les moins suspectes de la plus vive inquiétude pour la conservation de cet amant, dans la maladresse & la timidité duquel l'on voit bien que consiste toute la vertu de l'amante.

L'on sent qu'une fille aussi retorse en fait d'amour, peut donner des conseils pour & contre lui. En voici.

*Scenes premiere & seconde du second Acte.*

Amusez-vous, jeunes fillettes,
Mais songez qu'il est des dangers ;
Sur les gazons, sous les coudrettes,
N'allez point avec les bergers :
Ils ont l'air doux, simple & modeste,
Mais c'est un piege que cela,
Sitot qu'on les écoute, zeste,
Là là là là l'amour est là.

Ce que c'est que de s'y connoître : un exemple vient à l'appui de la morale. Car elle fait tout.

Lise dormoit sur la fougere,
Blaise, approchant d'un pas discret,
Adroitement sa main legere,
Place des fleurs dans son corset :
A son réveil elle est surprise,
Le bouquet charmant que voilà !
Jettez ces fleurs, petite Lise,
Là là là là l'amour est là.

( 13 )

Comme elle se délecte en parlant de l'adresse
de *Blaise* ! Que *Lise* doit avoir d'horreur d'un
Bouquet donné de cette maniere ! Mais quand
on s'endort sur la fougere, même à *Salency*, s'at-
tend on à en être quitte à si bon marché ?

Voici maintenant une Ariette par laquelle
*Hélene* prouve que non seulement elle ne peut
se passer de parler d'amour, mais encore qu'elle
a des dispositions à la coquetterie.

En voltigeant de fleurette en fleurette,
   Un papillon leger, badin;
   Joüit des trésors d'un Jardin,
En voltigeant de fleurette en fleurette:
   Si quelque enfant malin le guette,
   Et le poursuit pour l'attrapper,
Le papillon sait toujours s'échapper,
En voltigeant de fleurette en fleurette:
   Ainsi d'une humeur vive & folle,
   Je trompe l'espoir d'un amant;
   Je suis le papillon qui vole,
   Pour moi l'amour n'est qu'un enfant.


*Scene premiere, Acte second.*


Que cela seroit joli dans la bouche d'une petite Maîtresse de Paris! Ce sont là pourtant les ra-
res principes de vertu qui déterminent le *Bailly*, le *Député* & tous les gens du village à donner à *Hélene* la Couronne de *Rose*. Il est vrai
que, eu égard à la façon dont sa mere l'a éle-
vée en prenant bien soin de ne lui rien cacher,
eu égard à son état, car c'est une petite *Meu-
niere*, eu égard à ses deux concurrentes dont
l'une est une *imbécille fieffée*, & l'autre une *escla-
ve maussade*, eu égard à la dureté des temps,
qui peut-être ne permettoit pas de choisir mieux;

on a du accorder le prix à Hélene, dans le cas où ce n'eſt pas la coutume de le renvoyer.

Un ſeul trait fera connoître la ſublime ſageſſe de *Thérese*. Un certain *Thomas* qui en eſt amoureux, eſt ſi bien convaincu de ſon peu de rigueur, qu'il lui remet hardiment une lettre conçüe dans les termes les plus confians & les plus familiers, *Thérese* ſe contente de dire en la recevant;

» Je ſuis toute ſaiſie ! que m'a-t-il donné là? » je n'ai pas eu le temps de refuſer . . . mon » trouble! . . mon embarras ! , . . voyons ce » qu'il écrit » *elle ſait qu'il falloit refuſer, & elle lit.*

» Chere amie, le *Bailly* a refuſé de m'inſ-» crire : je viens d'apprendre que j'ai un rival, » mais je ne crains rien. Dès que vous ſerez *Ro-*» *ſiere* ne vous contraignez plus, vous ſerez » maîtreſſe de choiſir entre nous; & ſi vous avez » pour moi de la préférence, mettez à votre » côté cette *roſette :* ce ſera ſigne que je pour-» rai me préſenter pour vous obtenir malgré » tout ce qu'on pourra faire. Sinon, je ne ſon-» gerai plus qu'à me déſeſpérer. *Il eût plutôt dû* » *dire, je ne ſongerai plus qu'à vous enlever. Ils* » *ſont aſſez bien enſemble pour qu'elle ne s'y refu-*» *ſât pas.*

*Thérese* eſt ſans doute ſi accoûtumée à entendre de pareilles expreſſions de la bouche de *Thomas*, qu'après avoir tendrement répété ces dernieres paroles, *qu'à ſe déſeſpérer*, elle lit une ſeconde fois la lettre ; ce qui prouve qu'elle n'a du tout point allarmé ſa pudeur. Elle eſt ſans doute dans un de ces momens où elle dit ailleurs que ſa mere lui feroit haïr la ſageſſe.

*Hélene* a encore moins de gloire à l'emporter ſur *Nicole*. Elle eſt ſi niaiſe, qu'elle n'eſt pas capable de diſtinguer le mal du bien. Elle ne

peut pas joindre enfemble deux paroles qui ayent
du fens. Le *Régiffeur* qui veut examiner fi elle
eft digne de concourir au prix, lui dit.

Vous êtes donc fage ?

N I C O L E.

Hain ? Hain ?

Monfieur à votre fervice.

L E  R E G I S.

Il faut que je fois certain :

Qu'eft-ce qu'une fille fage ?

N I C O L E.

C'eft . . .

L E  R E G I S.

Courage.

N I C O L E.

Celle qui . . .

L E  R E G I S.

Voyons.

N I C O L E.

Quoi ?

L E  R E G I S.

He bien.

N I C O L E.

Hain ?

Ho dam moi je n'en fçai rien.

L E  R E G I S.

De quinze ans vous avez l'âge,

Quinze ans donnent de l'efprit,

On fçait bien quand on eft fage.

N I C O L E.

Oh ma mere me l'a dit !

Oui, demandez à ma mere,

A mon pere.

Ç'eft moi qui fuis

**LE REGIS.**

He bien ?

**NICOLE.**

Sage.

**LE REGIS.**

Hain. Hain ?

Oh dam moi je n'en sçai rien.

. . . . . . . . . . .

. . . . . . . , . . .

Il est bon que l'on éprouve.

**NICOLE**

Monsieur comme il vous plaira.

Un enfant de trois ans bégayeroit-il de cette force là ? Je n'ai pas le courage de copier le reste de ce dialogue chanté, qui est tout sur ce même ton. On n'a point donné d'amant à *Nicole* dans la piece ; on a agi prudemment, elle auroit fait quelques simplicités au profit de l'amour ; & si l'on eût voulu pousser l'épreuve à son dernier point d'évidence, elle auroit répondu, *Monsieur, comme il vous plaira*. Madame *Grignard*, sa tante, l'avilit encore, en lui faisant faire le méprisable personnage d'*espione* & de *délatrice*, même à l'égard de ses deux bonnes amies *Hélene* & *Thérese*. Quels titres pour entrer en lice avec elles !

Les deux amoureux *Colin* & *Thomas*, sont deux indiscrets, qui déclarent leur amour à tort & à travers, au risque de commettre la réputation de leurs amantes.

*Colin* tend continuellement des pieges à la vertu d'*Hélene*, & n'est dès lors plus digne d'en être distingué. Comme elle doit être la plus vertueuse des filles du village, il en doit être le plus modeste & le plus discret garçon. C'est

au

au contraire une espece de petit-Maître, qui se soucie peu de ce qu'on dira de sa Maîtresse, pourvu que son amour pour lui soit manifesté. Il la suit par-tout. Il répete ses chansons. Il affiche son ardeur jusque sur les arbres, comme elle le lui reproche elle-même. *Scene huitieme, Acte troisieme*. Il choisit le temps qu'il est devant un témoin dangéreux, pour lui glisser des Bouquets. *Scene deuxieme, Acte second*. Il saute les murs, il veut se battre pour elle. *Scenes huitieme, onzieme & douzieme, Acte troisieme*. Il prend le *Régisseur* pour son confident. Il va jusqu'à le charger de l'office d'entremetteur, d'instigateur même, comme s'il ignoroit qu'il parle à un Censeur, qui peut & qui doit même user de cette confidence pour savoir les dispositions du cœur d'*Hélene*, & l'exclure du prix si elle est assez confiante pour donner dans le paneau. *Scene troisieme, Acte second*.

Pour *Thomas*, ou c'est un impudent qui mérite l'indignation d'une fille honnéte ; ou c'est un amant déjà sûr de son fait, qui sait qu'on sacrifiera pour lui tout respect humain. On ne donne le nom de » chere amie » comme il le fait *Scene dixieme, Acte second*, qu'à une fille avec laquelle on a déjà eu quelques familiarités. La Lettre qu'il lui écrit suppose qu'elle n'a été qu'une hypocrite qui levera le masque dès qu'elle sera *Rosiere*. Cette *Rosette* qu'il lui propose de mettre à son côté pour preuve de sa prédilection pour lui, ne laisse aucun doute sur leur intelligence secrette, & sur une intrigue que la vigilance de Madame *Grignard* ne leur a pas empêché de pousser fort loin.

Enfin cette Piece est un tissu de menées, d'intrigues, de disputes, de mal-entendus, de soupçons injurieux à la fageffe, fouvent affez bien fondés. Les portraits y femblent plutôt pris chez des Commeres de Fauxbourgs que chez d'honnêtes Villageois, qui auroient confervé les mœurs du premier âge ; & l'on croiroit que l'Auteur a moins prétendu les retracer qu'en faire la Parodie.

Un homme auprès de qui j'étois à la premiere repréfentation de la *Rofiere*, trouvoit mauvais qu'on y eût introduit la Maréchauffée. Devoit-on fuppofer, difoit-il impitoyablement, qu'elle dût être néceffaire dans cet azile de la paix, de la candeur & de l'innocence? Monfieur, lui répondit quelqu'un, c'eft un ordre de Police établi,que la Maréchauffée affifte aux Balades & aux Fêtes de Village, pour empêcher le tumulte. Pourquoi celle-ci feroit-elle exceptée? eft-elle moins tumultueufe qu'une autre? ils avoient raifon tous deux.

Je ne parlerai pas, ma chere *Sophie*, de la conduite de la Piece. Elle eft très-bien fauvée par les détails. Je la comparerois volontiers à ce Tableau de M. *Boucher* qui repréfente une *Caravanne*. Si j'étois chicanneur, je dirois qu'on a affoibli l'intérêt que l'on doit prendre à la Fête, en fubftituant un *Régiffeur* à la place du *Seigneur* de l'endroit. Sans compter que ce *Régiffeur* eft un pauvre homme, qui craint le *Bailly* comme un enfant craint fon Maître d'École; qu'un coup de baguette donné fur un tambour renverfe par terre, qui dit d'affez mauvaifes plaifanteries, nommément fur Paris, & qui eft à peu près réputé pour rien dans tout le cours de l'action.

Le *Bailly*, dont le Rôle eft d'ordinaire amufant dans ces fortes de Pieces, eft on ne peut pas moins intéreffant. Sa gravité n'eft pas affez pedantefque , & la tournure de fes phrafes affez finguliere.

( 19 )

On trouve le morceau sur l'Air du Ménuet d'*Exaudet* assez-joli. C'est une comparaison de la surface de l'Onde qu'un rien peut troubler, avec la vertu qu'un rien peut ternir. Rien de plus juste & de plus heureux. Chante-le, ma *Sophie*, il acquerra de nouvelles graces dans une bouche aussi pudique que la tienne. Il commence ainsi.

Cet Étang

Qui s'étend

Dans la Plaine ,

Répete au sein de ses Eaux

Ces verdoyans Ormeaux

Où le Pampre s'enchaine.

Je suis fâché que ces deux derniers Vers présentent une idée fausse. Dans les regles de l'Agriculture, qui sont celles de la nature des choses, on ne plante ni Ormeaux ni Vignes sur le bord des Étangs, parce qu'ils n'y viendroient point.

*On doit couronner en ce jour & la sagesse & l'innocence*, est un morceau fort délicat.

*Un cœur tout neuf ressemble un œuf*, ne le cede point au précédent, le Musicien auroit dû le faire mieux valoir. Tu reconnoîtras sans peine où l'idée du Vaudeville a été prise. Malgré mes observations, tu trouveras cette Comédie digne de la Plume qui en a produit un si grand nombre d'autres; j'en excepte le Titre, qui ne convient pas à celle-ci.

J'ai sous les yeux trois autres Pieces nouvelles dont je te rendrois compte si je ne te les envoyois pas ; l'une est intitulée *Hamlet*. Le Héros de la Piece est un *Revenant*, personnage invisible & muet , à l'occasion duquel on dit de très-beaux

Vers. *La seconde* se nomme *Gaston & Bayard*, Sujet *Français* traité à la *Grecque*. Si les Auteurs de ces deux Pieces se connoissoient & vouloient faire communauté de gloire en réunissant leurs talens, leurs succès seroient indubitables. *La troisieme* s'appelle, *les deux Amis*, on auroit dû ajouter non seulement, *comme il n'en est point*, mais encore *comme il ne doit point y en avoir.* C'est du *Bourgeois Larmoyant* : mais comme le sujet est pris dans une Classe de Citoyens en possession de faire *plus d'envie que de pitié*, le but principal de ce Drame est manqué, malgré les beautés de détail & les Scenes neuves dont il est rempli.

Je suis, de ma Sophie, bien moins que je ne voudrois l'être encore,

Le très-humble, &c.

# LA
# *COURONNE*
## DE ROSES,
### OU
## LA FÊTE DE SALENCY;

*COMÉDIE EN DEUX ACTES,*

MÊLÉE D'ARIETTES,

SUIVIE D'UN VAUDEVILLE.

# A. Madame L. C. D. B.

Belle Aglaé, fans t'avoir confulté,
Je t'offre tout bas cet Ouvrage;
Les cœurs n'attendent point l'aveu de la beauté,
Pour lui rendre un fecret hommage.

# EXPLICATION DU SUJET.

A SALENCY, Village près de Noyon, il eſt un établiſſement que l'on fait remonter au temps du Roi Clovis, qui aſſigne, chaque année, à la fille de la Seigneurie qui s'eſt le plus diſtinguée par ſa vertu, une ſomme de 25 livres, un Anneau d'argent & une Couronne de roſes; le Seigneur, ou ſon Prépoſé en fait la diſtribution ſolemnelle le 8 Juin.

Les Notables du lieu font le choix de trois filles irréprochables qu'ils préſentent au Seigneur; lui-même en choiſit une des trois, après quoi chacun eſt encore en droit de faire des oppoſitions en les motivant, & ce n'eſt qu'après toutes les oppoſitions levées, que la Roſiere eſt confirmée.

Louis XIII. paſſant par cet endroit, le jour de cette Fête, fut ſupplié par les habitans de vouloir faire la cérémonie du Couronnement de la Roſiere, il y envoya un Seigneur de ſa Cour, qui s'en acquitta en ſon nom & qui par ſon ordre ajouta le Cordon Bleu à l'Anneau & à la Couronne; de-là vient que le jour de la cérémonie la Roſiere & douze

filles qui l'accompagnent portent cha-
cune un Ruban Bleu en écharpe fur un
vêtement blanc; douze jeunes Villageois
leur donnent la main & les conduifent
au Château, au fon des Inftrumens d'une
Mufique Champêtre. Le Seigneur vient
à la porte recevoir la Rofiere, lui préfente la main & la mene dans une Salle,
où il fait le Couronnement au bruit des
acclamations & des applaudiffements de
tous les Spectateurs. Il la conduit enfuite
dans une cour où des Cenfitaires ont
fait dreffer, en forme d'hommage pour
la Rofiere, une Table garnie de Mets
Champêtres, elle en offre aux Filles du
Village qu'il lui a plu d'inviter; on lui
préfente encore à titre d'hommage deux
Balles de Paume, un Sifflet de Corne
& une Fléche: la Fête eft terminée par
un Bal où le Seigneur danfe le premier
avec la Rofiere.

Il y a plus de trois ans que les paroles
& la Mufique de la Piece fuivante font
faites. Trop éloigné de la Capitale pour
en demander la réception au Théatre
Italien, je me fuis trouvé prévenu par
M. *Favart*, qui a faifi ce fujet fous le
même point de vue que moi, lorfque j'ai
été à même de le faire; je fçai à combien
de titres il mérite la préférence; mais

comme les perſonnes mêmes qui la lui ont accordée m'ont dit que ma Piece, à bien des égards, n'étoit pas inférieure à la ſienne, j'ai cru pouvoir la mettre ſous les yeux du public, non pour entrer en concurrence avec M. *Favart*, mais pour étendre davantage s'il eſt poſſible, la renommée d'une inſtitution qu'on ne ſauroit trop faire connoître.

# PERSONNAGES.

**Le SEIGNEUR.**
**LUCINDE,** *jeune Veuve, Sœur du Seigneur.*
**Le MARQUIS,** *Amant promis à Lucinde.*
**Le BAILLY** *du Village.*
**ALISON,** *Rosiere.*
**LICAS,** *Amant d'Alison.*
*Troupe de Villageois & de Villageoises.*

*La Scene est dans une des avenues qui aboutissent au Château de Salency.*

*Le Théatre représente des Allées d'Arbres qui laissent appercevoir d'un côté un Château, & de l'autre un Village ; quelques Ormes sont détachés de la Toile.*

# LA
# *COURONNE*
## DE ROSES,
## *COMÉDIE.*

## ACTE PREMIER.



### SCENE PREMIERE,

Le MARQUIS *en habit de voyage.* LUCINDE.

### LUCINDE.

AH! vous voilà, Marquis, depuis que nous ſommes promis enſemble, on ne vous voit plus· L'Epoux charmant que vous ſerez ! peu tendre ſans doute ? mais fort accommodant. C'eſt le bon ton, vous y préludez à merveille.

### ARIETTE.

D'une petite Maîtresse,
Il faut que le Mari
Fasse la politesse
De sa place au Favori :
Qu'il fasse en sorte
De s'absenter quand il convient,
& qu'il s'annonce à la porte,
Quand il revient.

### Le MARQUIS.

Quel est l'homme assez mal instruit pour igno-
rer ces usages là ? J'en donne tous les jours
des leçons aux Maris dont j'honore les Femmes.

### LUCINDE.

Prenez-y garde au moins, Marquis, & con-
sultez-vous bien là-dessus avant de m'épouser ,
j'ai été attrapée une fois, je ne voudrois pas l'être
une seconde; je suis Veuve d'un Epoux qui
s'avisoit de m'aimer jusqu'à l'ennui.

### Le MARQUIS.

Fi donc. Quand on aime on est exigent, l'on
veut du retour, & rien au monde de si fatigant
& de si monotone.

### DUO

Qu'autre fois l'on étoit peu sage ,
De se faire un joug de l'Hymen !
Je ne sçai comment cet usage
N'a pas détruit le genre humain.

### LUCINDE.

Que je blâme
Celles qui guettent leurs Maris!

### Le MARQUIS.

Que je me ris
Du Mari qui guette sa Femme!

### ENSEMBLE.

Comme un Chat guette une Souris.

### Le MARQUIS.

A propos, vous ne sçavez peut-être pas ce qui m'amene ici?

### LUCINDE.

Me flaterois-je trop de croire que vous y êtes conduit par l'amour?

### Le MARQUIS.

Par l'amour! Je ne donne pas dans de pareilles inconséquences. Je suis député de ma Société, pour venir sçavoir ce que c'est que cette Cérémonie Romanesque qui se fait ce soir à votre Château. Les papiers publics nous parlerent il y a quelque temps de Filles, de Couronne de Roses, d'Anneau, de Cordon Bleu, ils mélerent là-dedans Louis XIII, un Intendant, des Messieurs, des Dames, des Poëtes, des Chansonniers. Enfin je me dévoue à l'instruction des personnes avec lesquelles je vis, & je leur fais aujourd'hui le sacrifice de mes plaisirs.

### LUCINDE.

Vous pouvez bien vous imaginer que je ne prends pas grand part à ces Fêtes Villageoises. Je laisse ce souci à mon Frere, qui ayant presque toujours vecu dans sa Terre, se fait une affaire sérieuse de tout ce qui se passe aux Champs. Aussi l'a-t on reçu d'une Académie d'Agriculture, *elle rit*, ha ha ha, c'est comme qui diroit maître-Laboureur.

### Le MARQUIS.

Oh! . rester dans sa Terre, cela est de trop ; mais raisonner Agriculture & n'être jamais sorti de l'enceinte d'une Ville ; enfanter de beaux sistémes de Gouvernement & n'être qu'un maître étourdi, c'est le gout du temps, c'est le bon ton par excellence. Mais nous perdons de vue le sujet qui m'amene à *Salency* ; ne pouvez-vous rien m'apprendre de cette singuliere solemnité ?

### LUCINDE.

Tout ce que je sçai, c'est qu'on y couronne de Roses la Fille du Village, la plus irréprochable en fait de mœurs & de conduite. . . .

### Le MARQUIS.

C'est-à-dire celle qui a le mieux sû cacher son jeu.

### LUCINDE.

Que l'on fait remonter cette institution à un temps immémorial. . . .

### Le MARQUIS.

Elle eſt certainement très-ancienne, puiſqu'on y croyoit encore à la vertu des Femmes.

### LUCINDE.

Que Louis XIII, paſſant par ici le jour qu'on y feſoit cette Cérémonie, y envoya un Seigneur de ſa Cour pour y préſider en ſon nom, & fit ajouter un Ruban bleu à l'Anneau & à la Couronne de Roſes. . .

### Le MARQUIS.

Le bon Prince! Il rendoit hommage à l'ombre de la vertu, au défaut de la réalité.

### LUCINDE.

Que de nos jours enfin, un Intendant, à la tête de pluſieurs perſonnes diſtinguées, donna de la célébrité à cette Fête par ſa préſence & par ſes libéralités.

### Le MARQUIS.

Ce qu'il y a de vrai, c'eſt que je ne voudrois pas être cité pour avoir donné dans de pareils panneaux. Car,

### ARIETTE *notée* Nº. 1.

Se peut-il que l'on propoſe,
A quelque tendron charmant,
De lui donner une Roſe,
A la place d'un Amant?
A la Ville aſſurément,
Si j'allois conter la choſe;

L'on croiroit que j'en impofe ,
Car on ne voit pas comment,
Comment, comment une Rofe
Tient la place d'un Amant.

### LUCINDE.

Les Rofes ont ici un pouvoir fingulier fur l'efprit des Filles.

### Le MARQUIS,

Ce n'eft qu'à *Salency* qu'elles préferent les fleurs aux fleurettes?

### LUCINDE.

Vous allez porter à votre Société un vafte journal de reflexions à ce fujet? . . allons . . donnez moi la main,& joignons mon Frere qui ne prife pas peu le Rôle qu'il doit jouer dans cette Fête en qualité de Seigneur du Hameau. *Elle veut l'emmener.*

### Le MARQUIS, *réfiftant.*

Attendez donc, je vois venir une petite Bergere qui me paroît tout à-fait gentille.

### LUCINDE, *infiftant.*

Oh fans doute! je ferai témoin d'agaceries dont vous étes fi avare à mon égard! rentrons vous dis-je.

### Le MARQUIS.

Prenez garde, *Lucinde,* notre Himen futur protefte déjà de violence contre vous.

SCENE

## SCENE SECONDE.

## ALISON.

*Elle conduit un Troupeau de Moutons & file
sa Quenouille.*

Il faut que ces grandes Dames soient nées avec
bien de la vertu, pour être toujours environnées
d'hommes sans que leur cœur en reçoive jamais
d'atteintes. Nous autres pauvres Bergeres, nous
n'échappons au danger qu'en fuyant sans cesse...
encore... je suis, par exemple, bien fâchée
d'être obligée de prendre ce chemin pour me-
ner mes moutons au paturage. Il y a presque
toujours, aux heures où je passe, quelque Monsieur aux Fenêtres du Château; qui ne cesse de
me lorgner, & cela me déconcerte & me fait
rougir. Si j'avois encore ma pauvre Mere, je lui
demanderois la cause de tout cela : mais je n'ose
me confier à d'autre. *Elle fait quelque effort pour
conduire plus loin son Troupeau qui s'amuse à
paître en cet endroit, & ne pouvant y réussir, elle
chante les Couplets suivants.*

### COUPLETS.

Où t'amuse-tu, mon Troupeau?
Ne sçais-tu pas que la Prairie
Est plus féconde & mieux fleurie
Que les environs du Château ?

C

A nous couronner aujourd'hui ,
Notre bon Seigneur se dispose ;
Je crois qu'il nous donne la Rose,
Et garde l'épine pour lui.

*Elle se cache derriere un Orme.*

A la faveur de cet Ormeau ,
Evitons d'en être apperçue ;
Si je desirois être vue ,
Il est un Licas au Hameau.

---

# SCENE TROISIEME.

## ALISON *cachée.* LICAS *une Perche d'Oiseleur sur l'épaule.*

## LICAS.

On dit que l'aimable *Alison* a conduit son Troupeau de ce côté-c i ; si je n'ai pas le bonheur de lui parler , que j'aie du moins celui de la voir ,' de passer devant elle , de lui ôter mon chapeau ; encore faut-il prendre des précautions pour cela , sa modestie s'offenseroit beaucoup de savoir que je suis ici pour elle. Que n'a-t-elle un Pere ou une Mere ! Je pourrois peut-être par leur moyen parvenir à me faire entendre d'elle.

*ARIETTE.* Notée *N°.* 2.

Je suis un Oiseleur nouveau ,
Ce ne sont pas des nids d'Oiseaux,
Que je cherche dans ce Bocage ,
C'est l'Amour , oui l'Amour ,
Que je voudrois tenir en Cage ;

Il ne sortiroit d'esclavage,
Que le jour,
Que la Bergere qui m'engage,
M'auroit payé de retour.

Mais, j'apperçois son Troupeau. . . je l'apperçois elle-même sous cet Arbre. . . je suis surpris de ce qu'ayant entendu ma voix, elle ne s'est pas éloignée. . . j'en augure bien pour mon amour. . . n'osons néanmoins pas trop entreprendre, de peur de gâter nos affaires. Il faut au contraire faire semblant de passer plus loin ; si elle s'apperçoit de la ruse, elle nous saura gré de notre discrétion. . . . là là je sçai bien comment je m'y prendrai pour lui dire que je l'aime, & pour sçavoir d'elle si elle ne me hait pas. C'est aujourd'hui la Fête de la Rose. Si l'on se connoît en vertu, *Alison* ne sauroit manquer d'être nommée Rosiere. Je suis déjà désigné pour l'hommage de la Flèche. . . & je lui forge, *mettant son doigt sur son front*, là un compliment, dont je veux qu'il soit parlé.

*Il passe devant elle en toussant pour en être aperçu. Il lui ôte son chapeau, elle lui rend son salut, puis il va se cacher derriere un Arbre, d'où il la contemple.*

## ALISON

*Après avoir regardé de tous côtés si elle est*
*seule.*

S'il nous étoit permis d'aimer la vertu dans

les hommes, ce Berger auroit toute mon affec-
tion ; mais non. .. cela pourroit peut-être de-
venir ce que l'on nomme de l'amour, & c'eſt
dit-on l'ennemi de lavertu. Oui je m'en ſouviens,
ma mere me l'a dit. C'eſt l'ennemi de la vertu.

### *ARIETTE.* Notée *N°.* 3.

La Reine des Fleurs ,
De nos foibles cœurs ,
Eſt le vrai modele ;
La Reine des Fleurs ,
Eſt des jeunes cœurs ,
L'image fidele.

La Chaleur cruelle ,
De l'aſtre du jour ,
La rend moins belle ;
La moindre étincelle ,
Des feux de l'Amour ;
Nous fiétrit comme elle.

La Reine des Fleurs , &c.

En vain le doux Zéphir,
En vain la fraîche Aurore,
Viennent encore
Pour l'embellir,
Demi-fanée ,
Sa deſtinée ,
Eſt de languir.

La Reine des Fleurs, &c.

*Elle entend du bruit & appercevant quelqu'un ,*
*elle ſe retire.*

# SCENE QUATRIEME.

## LICAS *caché*. Le BAILLY.

### Le BAILLY,

C'eſt elle... oui... mais... elle s'en va...
elle eſt bien farouche, pour une Orpheline qui
ne doit compte de ſa conduite qu'à elle-même...
elle a tort. Je venois ſans bruit lui faire eſpérer le
prix de la vertu, ſi elle conſentoit à rabattre
quelque choſe de la ſienne en ma faveur. Car je
la trouve ſi belle, qu'elle me fait oublier mon
rang de *Bailly.*

*Licas tourne autour de l'Arbre, faiſant ſem-*
*blant d'y chercher des nids. le Bailly eſt ſur le*
*devant du Théatre, & tous deux ſont ſi fort occu-*
*pés de leur penſée, qu'ils chantent le Duo ſuivant*
*ſans s'appercevoir.*

### DUO.

La Roſe du teint d'Aliſon,
Efface la Roſe champêtre,
La Pudeur en toute ſaiſon,
Epanoüit ou fait renaître
La Roſe du teint d'Aliſon.

## SCENE CINQUIEME.

### LICAS, Le BAILLY, Le SEIGNEUR.

*Licas continue le même manege. Le Bailly garde la même place. Le Seigneur arrive d'un autre côté, & sans s'appercevoir encore, ils chantent le Trio suivant.*

### TRIO.

| LICAS, Le BAILLY, | Le SEIGNEUR. |
|---|---|
| Si le Seigneur de ce Canton donne la Rose à la plus sage, nulle Fille dans le Village, n'y doit prétendre qu'Alison, & s'il la donne à la plus belle, nulle Fille dans le Canton, ne sauroit y prétendre qu'elle. | Comme Seig. de ce Canton, je dois la Rose à la plus sage, nulle Fille dans le Village, n'y doit prétendre qu'Alison, si je la donne à la plus belle, nulle Fille dans le Canton, ne sauroit y prétendre qu'elle. |

*Licas s'appercevant qu'il n'est pas seul, s'éloigne tout doucement. Le Seigneur apperçoit le Bailly & lui dit brusquement.*

## SCENE SIXIEME.

### Le BAILLY, Le SEIGNEUR.

### Le SEIGNEUR.

Que disiez-vous, & où allez-vous, Monsieur le *Bailly*? Vous songez sans doute à la Cérémonie de cet après-midi?

## Le BAILLY.

*D'un air surpris & empreſſé tire de ſa poche une*
*Liſte extraordinairement longue.*

### AIR.

J'allois vous porter, Monſeigneur,
La Liſte la plus ſincere,
De toutes les Filles d'honneur,
Dont abonde votre Terre ;
Le nombre en eſt moins grand, je croi,
De l'un juſquà l'autre Pole,
Nous vous les garantiſſons moi
Et le Maître d'Ecole.

## Le SEIGNEUR.

Mais je ne ſaurois couronner toutes ces Filles,
il en eſt ſans doute dans le nombre de moins
dignes d'attention.

## Le BAILLY.

Sans doute, Monſeigneur, en voici, par
exemple, qui ne ſeroient guere de miſe que dans
des années de diſette.

### COUPLETS. Notés Nº. 4,

L'autre jour à coups de Pomme,
Liſette agaçoit Lucas ;
La Fille du gros Guillaume,
Bailoit le Chien de Colas.

L'on a vu Colette boire,
Dans le Chapeau de Lubin ;
Et Manon prendre une Poire,
Dans le Panier de Colin.

A Damis j'ai vu Jannette ,
Laiſſer ſentir ſon Bouquet ;
Liſe ſouffrir que Damette ,
En mît un dans ſon Corſet.

Iſabeau rit quand Timante ,
Lui touche le bout des doigts ;
Et Manon quand Baſſien chante ,
Le regarde en Tapinois.

Notre Couſine Victoire ,
Dès quinze ans , par mon avis ,
Mépriſant la vaine gloire ,
Voulut renoncer au Prix.

Votre petite Fermiere. . .

## Le SEIGNEUR *vivement.*

Alte là. Je n'en veux pas ſavoir davantage.
Il faut m'en nommer trois dont la vertu ne ſoit
point ſuſpecte, pour que je détermine mon choix
ſuivant l'uſage.

## Le BAILLY *d'un air important.*

Monſeigneur , les trois Perles de ce Village,
ſont ſans contredit, Lucile. . . Anette. . . ,
Aliſon. . . Oui je penſerois que cette petite
Aliſon. . . toute Orpheline qu'elle eſt , de ces
trois perles n'eſt pas la moins fine.

### DUO.

Que ſa vertu , que ſa beauté ,
Font un merveilleux aſſemblage !
Peut-on n'être pas enchanté ,
De ſa vertu ? de ſa beauté ?

En vérité c'est dommage,
C'est dommage en vérité,
Qu'elle fasse peu d'usage,
De l'éclat de sa beauté ;
En vérité c'est dommage,
C'est dommage en vérité,
Ou qu'elle soit aussi sage,
Ou qu'elle ait tant de beauté.

### Le SEIGNEUR.

*Bailly*, si vous fesiez cas de mes bonnes graces, vous pourriez lui faire entendre... mais... non je lui ai déjà fait dire de se rendre au Château. Annoncez-lui seulement que je la nomme *Rosiere*. *Il sort.*

### Le BAILLY *seul.*

Oui. J'entends, c'est-à-dire que cette petite *Alison* tourne la tête à tout ce qu'il y a de Grand dans le Village... *Le Bailly*, *le Seigneur*... *le*.... faisons toujours la premiere tentative. Après tout, je puis être un peu plus hardi qu'avec une autre, elle ne peut pas me menacer de son Pere & de sa Mere, ils sont morts.

### Fin du premier Acte.

# ACTE SECOND.

## SCENE PREMIERE.

### Le BAILLY.

JE ſuis inquiet, je ne trouve point cette petite *Aliſon*, ſeroit-elle déjà allée au Château ? . . . hem. . . ſi cela eſt, les Moineaux ſont dénichés, car Meſſieurs les Seigneurs s'amuſent quelquefois à pelotter avec les Bergeres en attendant partie. Hé! Monſeigneur, auriez-vous bien la conſcience d'abuſer de la ſimplicité d'une pauvre petite Orpheline? . . Mais, par bonheur qu'elle n'y eſt pas encore allée, car la voilà qui en prend la route-

## SCENE SECONDE.

### Le BAILLY , ALISON.

Ne paſſez pas ſi vite, la belle enfant , j'ai à vous parler de vos intérêts. Vous êtes du nombre des trois Filles propoſées pour le prix de la Roſe , mais comme le Seigneur ne vous connoît aucunes, il a remis la choſe à ma diſpoſition. Il ne dépend que de vous de fixer mon choix.

### ALISON.

Si je le ſollicitois , j'en ſerois dès lors indigne.

#### Le BAILLY.

Pourquoi cela ? feriez-vous donc honteufe de devoir quelque chofe à votre *Bailly?*

#### ALISON.

Ce n'eft point par vanité que je vous dis cela. Mais voici comme je l'entends.

#### ARIETTE.

La vertu porte avec foi ,
Son plus brillant avantage ;
J'ai fuivi fa douce loi ,
Pour le plaifir d'être fage.

La Rofe & le Ruban ont des charmes pour moi ,
Mais grace aux Dieux, & grace au Roi ,
Dont la faveur nous encourage ,
Je ne fuis pas la feule à dire en ce Village ,
La vertu porte avec foi ,
Son plus brillant. . . . &c.

#### Le BAILLY.

#### *AIR.*

Vous êtes la plus belle ,
Vous raviffez mes fens ,
Et l'amour d'un coup d'aile ,
A rapproché nos rangs.
Un Bailly vous en preffe ,
Recevez en ce jour ,
Le prix de la fageffe ,
Et le prix de l'amour.

*Il fe jette aux genoux d'Alifon qui veut s'enfuir ; mais elle eft retenue par le Marquis qui fans être apperçu des Acteurs précédens, a été témoin d'une partie de la Scene. Le Seigneur vient auffi d'un autre côté & a en le temps de voir le Bailly aux genoux d'Alifon.*

## SCENE TROISIEME.

**Le BAILLY, ALISON, Le MARQUIS, Le SEIGNEUR.**

### Le MARQUIS. *vivement.*

Ne craignez rien, belle Bergere, je vous prends fous ma protection. *A part.* au diable fi je fouffre que le Loup croque devant moi une aufli jolie Brebis.

*Le Bailly fe releve doucement d'un air humilié, le Seigneur lui parle d'un ton courroucé & le Marquis d'un air mocqueur.*

**Le BAILLY, Le MARQUIS, Le SEIGNEUR.**

### TRIO.

**Le SEIGNEUR** *au Bailly,*

Que fefiez-vous là, Monfieur le Bailly ?

**Le BAILLY** *au Seigneur,*

En votre nom j'offrois la Rofe,
Monfeigneur, & rien autre chofe.

**Le MARQUIS.**

Le drole offroit bien autre chofe.

**Le BAILLY.**

Rien autre chofe.

**Le MARQUIS.**

Autre chofe. O! oui.

**Le SEIGNEUR.**

Autre chofe ?

**Le BAILLY** *au Marquis,*

L'avez-vous vu ? l'avez-vous oui ?

**Le SEIGNEUR** *au Marquis,*

L'avez-vous vu ? l'avez-vous oui ?

**Le MARQUIS** *à l'un & à l'autre,*

Oui, Oui.

**Le BAILLY** *au Seigneur,*

Penseriez-vous donc qu'un Bailly. .

**Le SEIGNEUR,**

Monsieur le Bailly. . .

**Le MARQUIS.**

C'est un gaillard que ce Bailly.

**Le BAILLY,**

S'occupe de semblable chose ?

**Le SEIGNEUR** *au Bailly,*

Votre procédé m'indispose,

Et je vous trouve bien hardi.

**Le BAILLY,**

Monseigneur, excusez si j'ose

Vous dire qu'il en a. . .

**Le MARQUIS** *au Bailly,*

Qu'il ose

Me donner le démenti.

**Le BAILLY** *au Seigneur.*

Pour vous je proposois la chose.

**Le MARQUIS** *au Seigneur.*

L'en croyez-vous, quand j'ai tout oui ?

**Le SEIGNEUR** *au Marquis.*

Non, non.

**Le BAILLY** *au Seigneur.*

L'en croyez-vous, l'a-t-il bien oui ?

**Le SEIGNEUR *au Bailly*.**

Oui, oui.

**Le MARQUIS.**

C'eft un gaillard que ce Bailly.

**Le SEIGNEUR.**

Taifez-vous, Monfieur le Bailly.

**Le BAILLY *à part*.**

Pauvre Bailly....!

**Le SEIGNEUR *à Alifon*. Le MARQUIS *à part*.**

Que vous difoit-il, ma fille?  Elle eft digne, fur ma foi,
Ne vous en fiez qu'à moi;  Tant je la trouve gentille;
Sur ce qu'il vous dit, ma fille, Elle eft digne, fur ma foi,
Ne vous en fiez qu'à moi.  Ou d'un Marquis ou d'un Roi.

**ENSEMBLE *à Alifon*.**

Quoi qu'on vous dife, ma Fille,
Ne vous en fiez qu'à moi.

**ALISON *regardant de tous côtés*.**

Ah ma bonne Maman! Oh mon tendre Papa!
que diriez-vous, fi vous voyez votre fille dans
ce cruel embarras?

*ARIETTE.*

*Elle fe jette aux genoux du Seigneur.*

Je fuis toute tremblante,
Protégez, Monfeigneur,
Une pauvre innocente,
Une Fille d'honneur?
Je renonce à la Rofe,
Dès qu'en ce trifte jour,
On ne me la propofe,
Qu'en me parlant d'amour.

## Le MARQUIS.

Que sa simplicité est touchante! j'ignorois la force de cette vertu. Il faudroit en vérité être barbare pour en abuser.

## Le SEIGNEUR.

*Alison*. Rassurez-vous. Vos épreuves sont finies. Je veux qu'à l'instant vous receviez un prix si bien mérité; une vertu si évidente n'a besoin du suffrage de personne. Qu'on laisse approcher les gens du Village nécessaires à la Solemnité.

*L'on entend un Concert d'Instruments champêtres, & l'on voit arriver sur la Scène, entre autres Personnages, Annette & Lucile, que l'on distingue par un large Ruban bleu qu'elles portent en Echarpe. Licas porte une Flèche. Lucinde entre aussi d'un autre côté.*

*Ici l'on peut placer un Ballet.*

# SCENE QUATRIEME.

## Le BAILLY, ALISON, Le SEIGNEUR, Le MARQUIS, LUCINDE, LICAS,

*Chœur de Villageois & de Villageoises.*

## Le MARQUIS à *Lucinde*.

Ah *Lucinde* ! cette jeune Bergere dissipe entierement mes préjugés, & sur la vertu des Filles, & sur ce qui fait le bonheur du Mariage.

## LUCINDE.

C'eſt une marque de votre legéreté, Marquis; vous recevez facilement toutes ſortes d'impreſſions.

*Ici le Cercle des Acteurs s'ouvre, & découvre dans le fond du Théâtre un petit Trône de feuillages, au-deſſus duquel eſt ſuspendue une Couronne de Roſes. Le Seigneur prend Aliſon par la main & la fait placer ſur ce Trône. Lucile & Annete ſe mettent à côté d'elle, mais plus bas. Le Seigneur détache la Couronne; & tout en la mettant ſur la tête d'Aliſon, il chante les paroles ſuivantes que le Chœur répete.*

### Le SEIGNEUR.

Que l'innocence,
Que la candeur,
Ont de puiſſance,
Sur le cœur !

### Le CHŒUR.

Que l'innocence,
Que la &c.

### DUO.

| Le SEIGNEUR. | Le BAILLY. |
|---|---|
| La véritable ſageſſe | Au diable la ſageſſe, |
| Fait toujours | Ah ! quel maudit ſejour, |
| Échouer la vaine adreſſe | Où les Filles ſans ceſſe, |
| Des amours. | Font enrager l'amour. |

*Le Marquis & Lucinde détachent chacun une Bague de leur doigt, dont ils ornent la Couronne d'Aliſon. des Cenſitaires viennent offrir à titre d'hommage, l'un une Paume, l'autre un Sifflet & Licas une Fléche, ſuivant l'uſage.*                    LICAS

LICAS *en faisant son hommage.*

*ARIETTE.*

Tandis que les gens du Village,
Au son du Fifre & du Tambour,
Viennent vous offrir leur hommage,
Mon cœur en secret vous engage,
Les traits dont l'a blessé l'amour.
Que cette Flèche soit le gage
Des feux dont je brûle pour vous,
Et si l'amant vous fait ombrage,
Recevez l'Amant pour Epoux.

## Le SEIGNEUR *avec dépit.*

*Licas,* vous causez de l'embarras à cette jeune Fille, vous n'en attendez pas sans doute un aveu public en cas qu'elle vous aime.

## Le MARQUIS.

Pourquoi non? en l'acceptant à l'heure même pour Epoux, elle ne sera pas accusée d'avoir fait l'amour long-temps.

## ARIETTE.

Quand une Fille
Jeune & gentille
Trouve un Amant jeune & genti,
Le parti sage,
Le bon parti,
C'est d'entrer vite en ménage,
Le Mariage
Met la Vertu mieux à l'abri.

## Le SEIGNEUR-

*Alison*, je ne puis me refufer à votre bonheur fi vous le trouvez dans l'Himen qui vous eft propofé. La fageffe peut brûler de feux légitimes, c'eft à la licence à étouffer les fiens, *tirant une Bourfe qu'il lui remet*, & à lui rendre hommage.

## ALISON *à Licas*..

Sur l'avis de Monfeigneur,
Licas, je reçois l'hommage
De votre main, de votre cœur,
Vous feul, dans tout le Village,
Pouviez tirer avantage
De l'avis de Monfeigneur.

## LUCINDE.

*Marquis*, ce Mariage là ne me donne aucune envie de hâter le nôtre. Il eft des liens plus doux que ceux que nous voulions former.

## Le MARQUIS.

Ce qu'il y a de certain, c'eft que j'ai d'autres arrangemens à vous propofer.

## LUCINDE.

Ils me feroient trop fufpects de votre part, n'en parlons plus.

## Le BAILLY.

En tout cas le genre humain n'y perd rien,

s'il fe rompt un Mariage concçu, il s'en fait un auquel on ne s'attendoit pas.

*Pendant ce dernier Dialogue on a fervi une Table garnie de Méts champêtres, fur laquelle domine une Coupe que le Seigneur préfente à Alifon, en chantant le recit fuivant.*

### Le SEIGNEUR.

Dieux protecteurs du Mariage,
Que cette Coupe foit le gage
De l'amour de Licas, de l'amour d'Alifon.

### CHŒUR.

Dieux protecteurs, &c.

*Alifon préfente enfuite cette même Coupe à Licas.*

### LICAS & ALISON.
### DUO

Dieux protecteurs du Mariage,
Que cette Coupe & ce breuvage
Troublent à jamais la raifon

### LICAS.

De Licas,

### ALISON.

D'Alifon,

### LICAS.

Si jamais il étoit volage.

### ALISON.

Si jamais elle étoit volage.

### Le CHŒUR reprend.

Dieux protecteurs, &c.

*Ici l'on peut placer un fecond Balet.*

## VAUDEVILLE. Noté Nº. 5.

### Le SEIGNEUR.

Je suis le Seigneur du Village,
En amour c'est un foible honneur;
Quand le Berger plaît davantage,
Il est au dessus du Seigneur.

Toujours, toujours, par quelque chose,
L'Epine tient à la Rose.

### LICAS.

J'ai pris des femmes le modele,
Rien n'est égal à mon bonheur,
Mais le Seigneur la trouve belle,
Il faut ménager le Seigneur.

Toujours, toujours, par quelque chose,
L'Epine tient à la Rose.

### ALISON.

Quand on est sage & qu'on est tendre,
Un Epoux vient fort à propos;
Mais hélas! peut-on se défendre
De plaindre du moins ses Rivaux?
Toujours &c.

### LUCINDE.

Le triste Dieu du Mariage
Nous met dans la nécessité,
Ou de prendre un Mari volage,
Ou de perdre la liberté.
Toujours &c.

### Le MARQUIS.

Si vous prenez Femme élégante,
Vous serez servi le dernier;
Si vous la prenez peu galante,
Vous l'éprouverez le premier.
Toujours &c.

## Le BAILLY.

L'on dit son avis à la ronde,
Messieurs, voici quel est le mien:
Dans les affaires de ce monde,
C'est moitié mal & moitié bien,
Chacun, suivant qu'il prend la chose,
Trouve l'Epine ou la Rose.

## Le CHŒUR.

Chacun suivant qu'il prend la chose,
Trouve l'Epine ou la Rose.

## FIN.

Lû & approuvé, MARCHAND.

*Le Privilege se trouve à la fin des Œuvres du même Auteur.*

# *A I R S.*

BIBLIOTHÈQUE ROYALE

*Légèrement.*

A

la pla- ce d'un a- mant. A la
ville af- fu- ré- ment, af- fu- ré-
ment, Si j'al- lois con- ter la cho-fe,
l'on croi- roit que j'en im- po- fe; Car
on ne voit pas com- ment, Comment, comment u- ne ro-fe Tient la pla- ce
d'un a- mant. Comment, comment u-ne

ro- se, Comment, comment u-ne ro- se,
Tient la pla- ce d'un a- mant,
Tient la pla- ce d'un a- mant,
N° 2. Allegro.
JE suis un oi-seleur nouveau, Je suis un
oi-seleur nouveau, Ce ne sont point des nids d'oi-
seau, Des nids d'oi- seau, Que je cher-
che dans ce bo- ca-ge, C'est l'a- mour,

# AIRS.

oui, l'a- mour Que je voudrois te-nir en
ca-ge, C'est l'a- mour, oui, l'a- mour Que
je voudrois tenir en ca- ge, Il né sor- tiroit
d'escla- va- - - - - ge, Il ne sortiroit d'escla- va- - - ge,
Que le jour, que le jour, Que la ber-
ge-re qui m'en- gage M'auroit payé

de re-tour, M'auroit payé de re- tour.
N° 3. Andante.
LA reine dés fleurs de nos foibles cœurs
Eft le vrai mo- de- le, La rei-ne des
fleurs eft des jeunes cœurs, l'image fi- de-
FIN.
le. La chaleur cru- e- lle De l'aftre du
jour La rend moins belle; La moindre étincelle Des feux de l'amour, Nous fle-trit comme

el- le.    La  reine de &c. Envain le doux ze-

phire,  Envain la fraîche au- ro- re, Pour l'embé-

lir viennent en- co- re,  Viennent en- co- re

pour l'embé-lir ,   De- mi fa-  né- e,

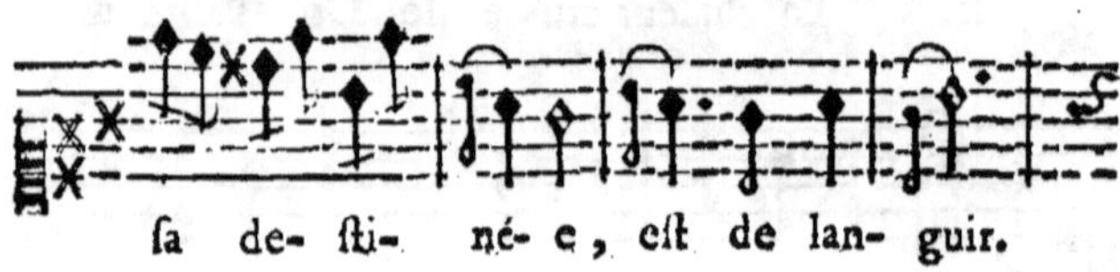
fa de- fti-  né- e, cît de lan- guir.

La rei-ne des fleurs , &c.

N° 4. *TAMBOURIN.*

## *VAUDEVILLE.*

N.º 5.

F I N.

www.ingramcontent.com/pod-product-compliance
Lightning Source LLC
LaVergne TN
LVHW022330170726

843503LV00006B/2791